Méthode GUYAU

Lecture par l'Écriture

2 Livrets, 3 Cahiers et 2 Tableaux (double face, sur carton)

J'apprends à écrire

PREMIER CAHIER D'ÉCRITURE

EN VUE DE LA LECTURE

CONCORDANT AVEC LE LIVRET I « *J'apprends à lire* »

Nos **Cahiers d'écriture en vue de la lecture**[1] offrent une perpétuelle concordance avec nos Livrets de lecture : ils en sont la récapitulation quotidienne et l'application pratique. Ils ont pour but d'apprendre tout ensemble à lire plus vite et à écrire plus vite.

Ils contiennent : 1° des *mots* et des *phrases* en *caractères d'imprimerie,* empruntés à nos livrets (il est important de faire lire d'abord aux élèves ces mots et ces phrases avant de leur faire commencer leur page d'écriture); 2° des *modèles d'écriture* exclusivement composés avec les lettres, mots et phrases que l'enfant connaît déjà. Quand l'enfant aura fini d'écrire, il devra relire et expliquer les mots qu'il vient de copier. Un élève qui, dès le premier jour, prend l'habitude de ne rien faire machinalement, devient vite un bon élève et fait honneur à son maître.

Armand COLIN et Cie, Éditeurs, 5, rue de Mézières, Paris

---

1. Ces **Cahiers d'écriture en vue de la Lecture** n'excluent pas, mais, au contraire, facilitent l'usage ultérieur des cahiers ordinaires d'écriture, qui ont pour but d'exercer l'enfant à bien écrire.

Exercices à reproduire au crayon ou à la plume.

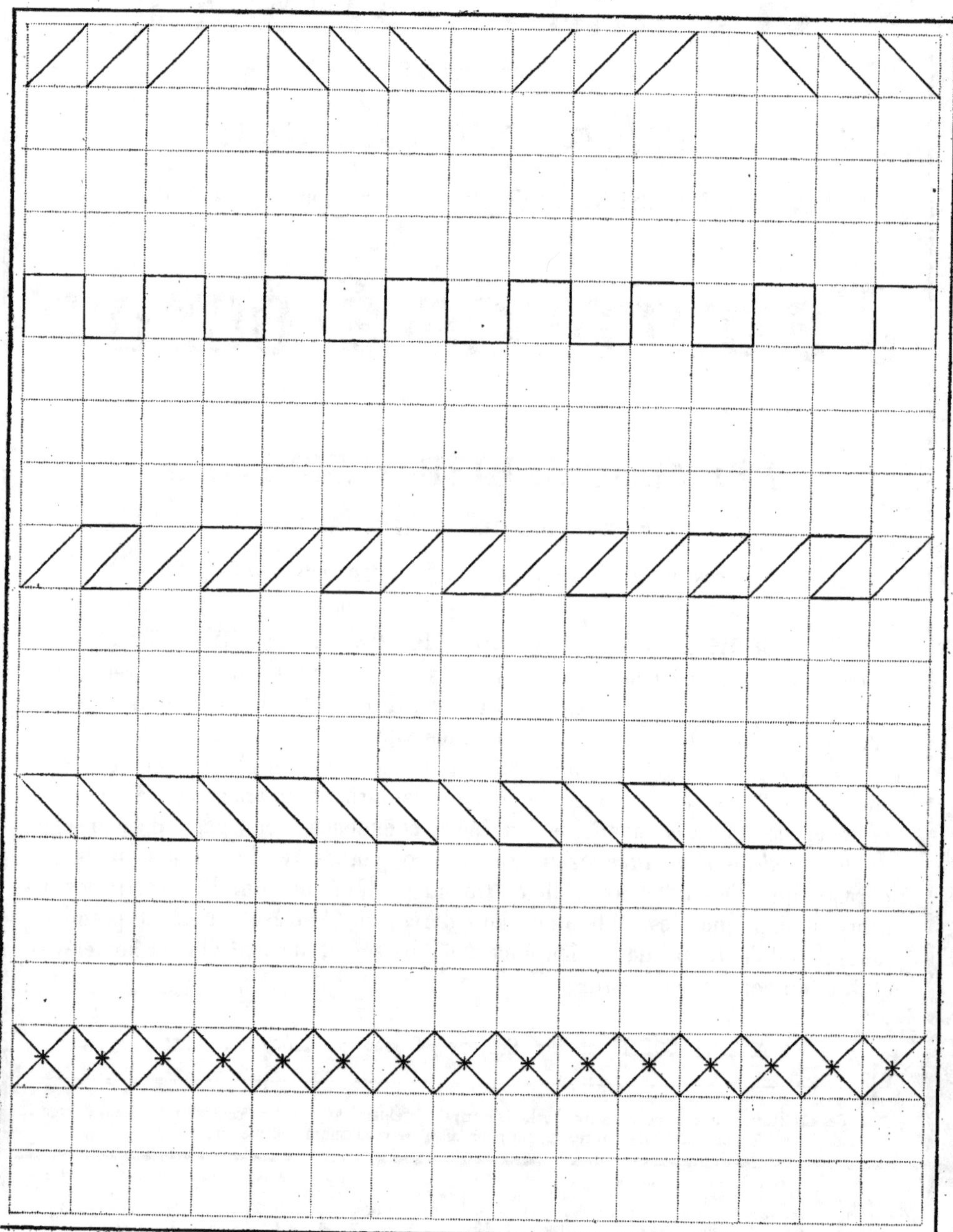

NOTA. — Les lignes horizontales d'écriture sont destinées à être reproduites par l'élève; la partie en *caractères d'imprimerie*, qui est la récapitulation de la leçon de lecture, sera lue préalablement.

A lire
1re LEÇON

i

i

i

i

i

i

A lire

2ᵉ LEÇON

u

ui

iu

i, u, i

ui

i, iu, i

3ᵉ LEÇON

n

nu

ni

nui

u-ni

4ᵉ LEÇON

m

mu

mi

mui

mi-mi

mu-ni

A lire

5e LEÇON

t	*t t t t t t t*	*tu, tiu, ti, tui*
tu		
tui		
tiu		
ti-ti		
tui-tui		
o	*o o o o o o o*	*no, mo, to, to*
no, ni		
mo, mu		
to-to		
mo, no		

6e LEÇON

a	*a a a a a a*	*na, nia, ŏta*
ma, ta		
ni-a		
tâ-ta		
ô-ta		
tu-a		

to-to ô-ta; ni-na i-mi-ta to-to.

toto ô-ta; nina imila toto.

to-to

ni-na

ni-a

a-mi

tu-a

7ᵉ LEÇON

e

e e e e e e e e e e e e

me-na

â-me

ma-te

te-nu

mi-ne

ne, me, te, menu, tenu, une

me-nu

u-ne

no-te

to-me

me-na

u-ni

mi-mi

ni-na

nu-ma

t'a nui

8ᵉ LEÇON

ca

ca-na

cô-te

câ, cô

cu-i

co-co

co-te

cô-te

ca-ca-o

co-ca

cui-te

nu-ma a u-ne mi-ne mu-ti-ne.

numa a une mine mutine.

c c c c c c c c c c

coco, cacao, cuite, côte.

A lire
9ᵉ LEÇON

da, de	*d d d d d d d d d*
di, do	
du, dâ	
dî-ne	
do-du	
dô-me	
co-de	*dune, demi, dodu, date, code*
da-te	
de-mi	
du-o	
du-ne	
di-te	*dodo, nina. — ida dîne à midi.*
do-do	
mo-de	
mi-di	
di-to	

Ma-da-me a-me-na Nu-ma.

10ᵉ LEÇON	
Da-me	*madame amena numa.*
To-to	
U-ni	
Ni-na	
Mi-di	
11ᵉ LEÇON	
pa, pe	*p p p p p p p p p p*
pi, po	
pu, pâ	
pa-pe	
po-pe	
pa-pa	*papa a puni — pâte.*
pâ-te	
pi-pe	
pu-ni	
du-pe	

Ni-na a u-ne pe-ti-te pa-ta-te.

12ᵉ LEÇON

NI-NA	*nina a une petite patate*
DO-DO	
CÔ-TE	
PA-PA	
A-MI	

13ᵉ LEÇON

Pa-pa	*v v v v v v v v v v v v*
vo-te.	
I-da	
a vu	
pa-pa.	
Vi-ve.	*va vite à ta cave, va vite.*
Va	
vi-te	
à ta	
ca-ve.	

A lire

14ᵉ LEÇON

le, la

li, il

lâ, lo

Lu, lô

La-ve

Il a lu

Lu; La

lu-ne

a lui.

l l l l l la, le, li, lo, lu, lo.

il avale la pilule; il a lu.

15ᵉ LEÇON

ba, be

bu, bi

bo-bo

Cu-be

b b b b b b bo, bu, ba, be, bi.

ca-bi-ne, ba-bio-le, bo-a, bu, be.

A lire

15ᵉ LEÇON
(suite)

le boa

il a bu

ba-ba

Bâ-ti

16ᵉ LEÇON

je, ji

jo, ju

Ja, Je

J'ô-te

jo-li

je-ta

ju-pe

Ja-va

cabine, babiole, boa, bu, be.

j j j j j j ja, je, ji, jo, ju.

joli, jupe, jeta, cajole.

RÉCAPITULATION	i, u, n, m, t, o, a, e, c, d, p, v, l, b, j.

iunmtoaecdpvllbjdpvllbnt

Î-LE

VI-TE

MI-MI

JO-LI

17ᵉ LEÇON

ga, gu

g g g g g g ga, go, gu.

gâ-te

go-go

gâ, gô

go-be

gâte, gobe, lagune, agate.

go-ba

gâ-ta

a-ga-te

A lire

Go-be

Gâ-te

gâ-ta

go-go

18ᵉ LEÇON

fa, fi

fe, fo,

fi, fui

Fi-ni

fui-te

fa-ne

fa-de

Fi-ne

La ga-mi-ne a bu du ma-la-ga.

La gamine a bu du malaga.

f f f f f f f fa, fe, fi, fo, fu.

fume, fane, folio, calife.

A lire

18ᵉ LEÇON
(suit.)

Fi-le

Fu-me

Fo-li-o

fa-na

19ᵉ LEÇON

sa, si

so,se,su

Sa-li

sui-te

sa-le

So-le

sa-lu-a

se-ma

Si-te

So-fa

so-li-de

Fu-me ta pi-pe, Ni-co-le. Ju-li-a fi-le.

fume ta pipe, nicole. — julia file.

s s s s s s s sa, se, si, so, su.

solide, suite, sema, sali, site.

A lire

19ᵉ LEÇON
(suite)

su-bi

sa-li

il a su

sui-vi

20ᵉ LEÇON
ra-re

ri-re

ru-i-ne

rô-de

ga-re

Ru-de

Ro-me

Ra-vi

Il i-ra

Il li-ra

Ra-me

Sa-bi-ne a sa-li le so-fa. Il sa-lu-a.

sabine a sali le sofa — il salua.

r r r r r r re, ri, ra, ru, ro.

rire, rare, rôde, parure, jure.

A lire
20ᵉ LEÇON
(suite)

Re-mi n'a pu li-re, il se-ra pu-ni.

Ra-ve

ca-na-ri

ma-re

il ri-ra

21ᵉ LEÇON

gne

gno

co-gne

ro-gna

si-gna

Di-gne

i-gno-re

si-gne

li-gne

vi-gne

co-gna

remi n'a pu lire, il sera puni.

j'ignore ; il signifia ; cognera.

la signature de caroline.

A *lire*
22e LEÇON

Ah! Oh! Hu! Hi! ah, oh, hu, hi, hé.

Ho-là !

O-hé !

Hu, hu !

Rhu-me

ha-bi-te

Dah-li-a

Hui-le

h h h h h h ah, oh, hu, hi, hé.

hu ! l'âne d'honorine caracole.

23e LEÇON

La lou-ve a fui. La pou-le cou-ve.

ou, oui

bi-jou

cou-cou

sou-pe

Lou-pe

Rou-te

Bou-le

Goû-te

la louve a fui ; la poule couve.

où goûtera, où soupera la foule ?

Oh! le jo-li dah-lia se fa-ne.

RÉCAPITULATION

Hâ-te

Rhô-ne

Hâ-le

hé-la

ha-bi-ta

hâ-lé

24ᵉ LEÇON

che

ca-cha

chi-che

châ-le

fâ-cha

Chi-li

Ha-che

Bû-che

Ni-che

Va-che

Ro-che

Ri-che

oh ! le joli dahlia se fane.

la biche se cache, la bûche fume.

micheline se fâcha d'une niche.

Ho-no-ré se dé-pê-che. Où va-t-il ?

<table>
<tr><td>

A lire
25ᵉ LEÇON

é, è, ê

sè-me

é-lè-ve

mê-me

Pê-che

vé-ri-té

bê-che

Re-né

se lève

26ᵉ LEÇON
eu

lieu

le feu

veu-ve

che-veu

seu-le

jeu-di

meu-le

jeu-ne

jeû-ne

</td><td>

honoré se dépêche. où va-t-il ?

honoré va à l'école ; il lira.

valère, le jeune neveu de la

meunière, déjeûnera là jeudi.

</td></tr>
</table>

A *lire*
27ᵉ LEÇON

An

tan-te

ru-ban

man-de

In

sa-tin

vin fin

mu-tin

la-pin

28ᵉ LEÇON
On

ton, son

Me-lon

Ton-du

Co-ton

Un

cha-cun

lun-di

Me-lun

L'un

Di-man-che, la ma-man d'A-li-ne chan-te-ra.

dimanche, la maman d'aline chantera.

le lapin malin de colin a fui.

madelon a demandé un bon melon.

antonin ira lundi à melun.

Faire copier en anglaise, à titre de récapitulation, les lignes suivantes :

LE PÈ-RE. — **Lé-on** a é-té pu-ni à l'é-co-le. Son pè-re l'a de-vi-né à sa fi-gu-re. Il a de-man-dé tou-te la vé-ri-té. **Lé-on** l'a di-te d'un ton é-mu. Le pè-re a é-té tou-ché ; il se-ra peu sé-vè-re.

L'É-CO-LE. — **Où** le jeu-ne **Ho-no-ré** va-t-il si vi-te le ma-tin ? — Il va à l'é-co-le. Il é-cou-te-ra, il li-ra, il fe-ra sa tâ-che. Il se-ra lou-é ; sa mè-re se-ra fiè-re.

RÉCAPITULATION
u-ni
ti-ti
tu-a
a-mi
cô-te
dô-me
mi-di
pi-pe
je-ta
go-be
fi-le
se-ma
ra-vi
si-gna
bou-le
châ-le
jeu-di
tâ-che
cha-cun

Exercices à reproduire au crayon ou à la plume.

VIDAL-LABLACHE

SOUS-DIRECTEUR ET MAITRE DE CONFÉRENCES A L'ÉCOLE NORMALE SUPÉRIEURE

Cartes murales (double face, sur carton), *parlantes* au recto, *muettes* au verso
1^m,10 sur 1^m, gros caractères.

Collection honorée d'une souscription du Ministère de l'Instruction publique pour les Écoles normales.

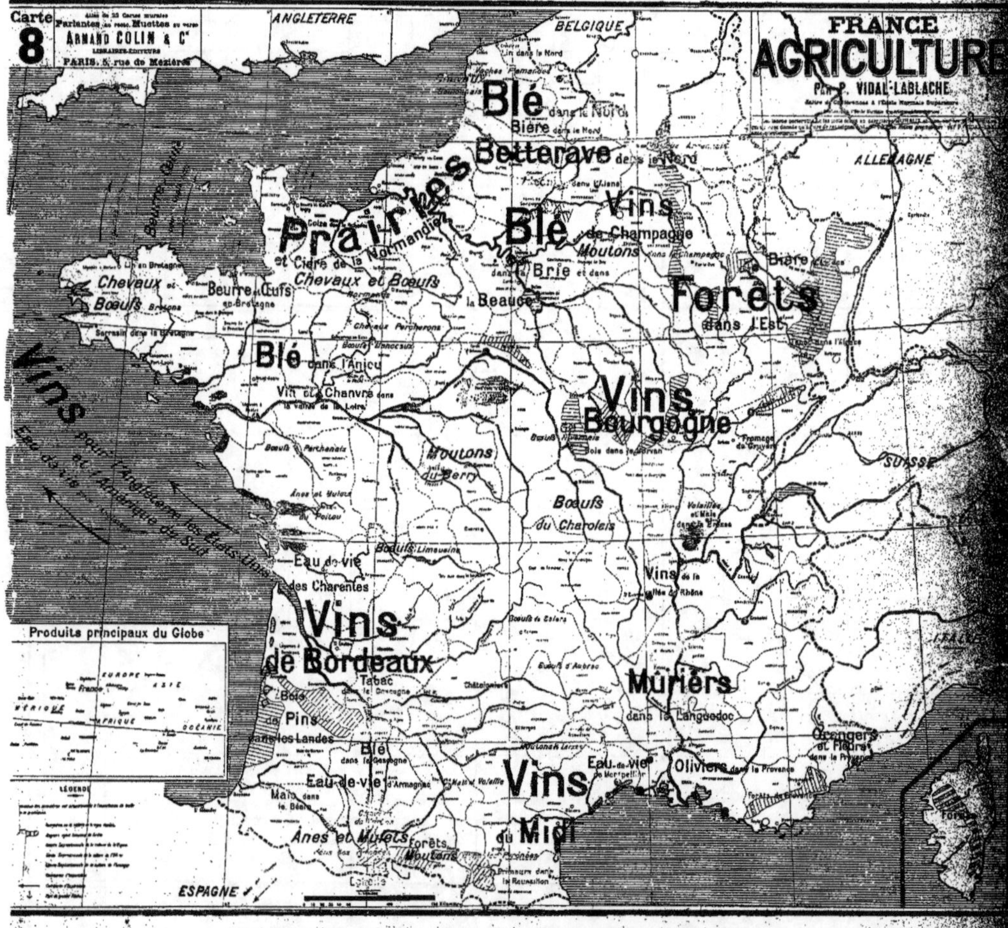

Spécimen réduit de la Carte n° 8. — Impression en **couleur** et sur **carton**.

Prix de chaque carte, double face : 6 fr. 50. — Notice : 40 c. — Appareil de suspension : 2 f